BEI GRIN MACHT SICH IHR WISSEN BEZAHLT

M L

Kognitive Psychologie und Webdesign. Praxisrelevante Guidelines für die Bereiche Navigation und Page Layout

GRIN Verlag

Bibliografische Information der Deutschen Nationalbibliothek:

Die Deutsche Bibliothek verzeichnet diese Publikation in der Deutschen National-
bibliografie; detaillierte bibliografische Daten sind im Internet über http://dnb.d-
nb.de/ abrufbar.

Impressum:

Copyright © 2013 GRIN Verlag GmbH
Druck und Bindung: Books on Demand GmbH, Norderstedt Germany
ISBN: 978-3-656-62267-3

Dieses Buch bei GRIN:

http://www.grin.com/de/e-book/266479/kognitive-psychologie-und-webdesign-
praxisrelevante-guidelines-fuer-die

GRIN - Your knowledge has value

Der GRIN Verlag publiziert seit 1998 wissenschaftliche Arbeiten von Studenten, Hochschullehrern und anderen Akademikern als eBook und gedrucktes Buch. Die Verlagswebsite www.grin.com ist die ideale Plattform zur Veröffentlichung von Hausarbeiten, Abschlussarbeiten, wissenschaftlichen Aufsätzen, Dissertationen und Fachbüchern.

Besuchen Sie uns im Internet:

http://www.grin.com/

http://www.facebook.com/grincom

http://www.twitter.com/grin_com

Kognitive Psychologie und Webdesign

Praxisrelevante Guidelines für die
Bereiche Navigation und Page Layout

Bachelorarbeit
zur Erlangung des akademischen Grades:
Bachelor of Science

Dresden, 22. März 2013

Abstract

Die menschliche Kognition ist ein wichtiger Faktor in der Human Computer Interaction. Vergangene Studien haben die Rolle der Kognition in einer Webumgebung untersucht, um Richtlinien für das Design von Websites zu finden. Die vorliegende Arbeit untersucht inwieweit der aktuelle Stand der Kognitionsforschung die praktischen Bedürfnisse von Webdesigner/-innen durch praxisrelevante Guidelines für die Bereiche Navigation und Page Layout abdecken kann. Studien und ihre Ergebnisse werden in einem Review gesammelt und ihre Praxistauglichkeit bewertet.

Ähnlich wie ein Review aus dem Jahre 2002 von Czerwinski und Larson kommt die vorliegende Arbeit trotz neu hinzugekommener Studien zu dem Ergebnis, dass die Kognitionsforschung in den beiden untersuchten Bereichen nur einen Bruchteil der Komplexität von Websites erfasst. Webdesigner/-innen können bei dem Designprozess nur auf bruchstückhafte Hinweise aus der kognitiven Psychologie zurückgreifen. In der Zukunft wird weitere Forschung in den Bereichen Navigation und Page Layout notwendig sein, um dem Bedarf an realitätsnahen Ergebnissen nachzukommen.-

Inhaltsverzeichnis

1 Einleitung

Das Design einer Website kann verbessert werden, indem sie der menschlichen Kognition angepasst wird. Es ist unbestreitbar, dass Forschung in diesem Bereich von Bedeutung ist – doch wie relevant und nützlich sind die bisherigen Forschungsergebnisse für die Praxis? Die Autoren Czerwinski und Larson (2002) widmen sich dieser Frage und sammeln Ergebnisse aus der kognitiven Psychologie, die für Webdesign nutzbar sind (vgl. Czerwinski & Larson, 2002, S. 148). Sie kommen zu dem Schluss, dass die Herangehensweisen, Theorien und Ergebnisse der Kognitionsforschung realitätsnäher werden müssen, da sie völlig unzureichend sind, um alle praktischen Bedürfnisse von Webdesigner/-innen vollständig abzudecken. (vgl. Czerwinski & Larson, 2002, S. 149).

Es stellt sich die Frage, inwiefern der derzeitige Stand der Kognitionsforschung dieses Bedürfnis von Webdesigner/-innen nach praktischen Hinweisen für ihre Arbeit erfüllt. Die Fragestellung der vorliegenden Arbeit lautet: Inwieweit kann der aktuelle Stand der Kognitionsforschung die praktischen Bedürfnisse von Webdesigner/-innen durch praxisrelevante Guidelines für die Bereiche Navigation und Page Layout abdecken? Diese Fragestellung wird durch die Auswertung von Studien untersucht, um Webdesigner/-innen eine Orientierung durch die Darstellung von Guidelines zu geben und weiteren Forschungsbedarf aufzuzeigen.

Zu Beginn werden grundlegende Begriffe definiert, die in der Arbeit verwendet werden. Anschließend folgt die Darstellung der Studien, die sich mit dem Design von Websites aus kognitiver Sicht befassen. Dieser Teil gliedert sich in die erwähnten Bereiche Navigation und Page Layout. In Kapitel *3 Studien zur Navigation einer Website* werden die Auswirkungen der Platzierung des Navigationsmenüs, der Einfluss der Art des Menüs (dynamisch oder statisch), die Auswirkungen der Breite und der Tiefe eines dynamischen Menüs und der Einfluss der Gestaltung einer *intra-article navigation* auf die kognitive Informationsverarbeitung untersucht.

In Kapitel *4 Studien zum Page Layout einer Website* wird zunächst das Vorhandensein eines mentalen Modells von Websites bei Internetnutzer/-innen näher betrachtet und die Bedeutung der gefundenen mentalen Modelle für das Design von Websites bewertet. Danach wird der Rolle der Konsistenz für das Design von Websites nachgegangen.

Das letzte Kapitel gibt eine Übersicht über die in den Studien verwendeten unabhängigen und abhängigen Variablen. Das Kapitel soll zeigen, auf welcher Basis die genannten Studien argumentieren, um Anknüpfungspunkte zu geben, an denen sich zukünftige Forschung orientieren kann.

Die Auswahlkriterien für die betrachteten Studien sollten so gewählt werden, dass möglichst realitätsnahe Ergebnisse erzielt werden. Die Auswahl der Studien durch Czerwinski und Larson (2002) ist in dieser Hinsicht problematisch. Die Autor/-innen nehmen sowohl Ergebnisse aus der Grundlagenforschung der kognitiven Psychologie[1] als auch Studien, die in einer Webumgebung durchgeführt werden, in ihre Auswahl auf[2]. Durch dieses Vorgehen werden sogenannte *principles*, grundlegende Prinzipien, die in verschiedenen Fällen angewendet werden können, mit sogenannten *guidelines*, Richtlinien, die interpretiert werden müssen, aber nur für einen Fall Anwendung finden, vermischt (vgl. Mariage, Vanderdonckt, & Pribeanu, 2005, S. 10).

Darum wird, im Unterschied zu Czerwinski und Larson (2002), die Auswahl in der vorliegenden Arbeit auf Studien begrenzt, die in einer Webumgebung durchgeführt werden und die das Ziel verfolgen Guidelines für das Design von Websites zu erhalten.

Aufgrund dieser Auswahl und durch die Fortschritte in der Forschung werden in dieser Arbeit praxisrelevante Guidelines gefunden. Allerdings decken die Ergebnisse nur Bruchstücke der Komplexität einer Website ab. Es bedarf weiterer Forschung, um das Webdesign durch umfassendere Guidelines zu unterstützen.

Für die Form der Arbeit wird die Methode des Reviews nach Webster und Watson (2002) gewählt.

---

[1] Zum Beispiel: die Gestaltgesetze der Gestaltpsychologie, oder die 7 +/- 2 Regel von Miller (1956)
[2] Zum Beispiel: Bannerpositionierung auf Websites (Lim & Wogalter, 2000), oder Orientierungspunkte in der Navigation (Vinson, 1999)

2 Klärung der häufig verwendeten Begriffe im Webdesign

Zu Beginn werden im folgenden Kapitel grundlegende Begriffe erläutert.

Website

Eine Website wird nach Huizingh (2000) folgendermaßen definiert: "A Web site can be considered to be a number of content elements (pages) that are linked to each other." (Huizingh, 2000, S. 125). Durch die Verlinkungen entsteht ein Netz an Verbindungen, mit dem eine große Menge an Informationen organisiert werden kann (vgl. Yu & Roh, 2002, S. 924). Das Erstellen und Abrufen dieser Informationen findet durch eine Interaktion zwischen Website und Mensch statt. Diese Interaktion wird in der Human Computer Interaction (HCI) untersucht: "[...] beyond technical aspects of Webdesign we need to systematically take into account human interaction and activity [...]" (P. Zaphiris & Kurniawan, 2007, S. VI).

Human Computer Interaction

Die Human Computer Interaction (HCI) ist multidisziplinär und verwendet Techniken und Paradigmen aus Disziplinen der Natur- und Sozialwissenschaften und aus den Designdisziplinen[3] (vgl. Mackay & Fayard, 1997, S. 223) (siehe Abbildung 1). In der vorliegenden Arbeit wird die HCI jedoch nur aus der Blickrichtung der Kognitiven Psychologie, die im Folgenden noch erklärt wird, betrachtet.

Es wird die Definition der Association for Computing Machinery (ACM)[4] verwendet: "Human-computer interaction is a discipline concerned with the design, evaluation and implementation of interactive computing systems for human use and with the study of major phenomena surrounding them" (SIGCHI (Group : U.S.), 1992, S. 5).

Die oben genannte Definition nennt als Beschäftigung der HCI "[...] design, evaluation and implementation [...]" (SIGCHI (Group : U.S.), 1992, S. 5), wobei der Fokus nach Fallman (2003) auf dem Design liegt: "We argue that HCI has emerged as a *design-oriented* field of

---

[3] Das englische Lehnwort Design beinhaltet die Disziplin Ingenieurwesen und die bildenden Künste
[4] Die ACM ist eine wichtige Fachgesellschaft für Informatik, die Zeitschriften und Publikationen veröffentlicht und Tagungen organisiert

research, directed at large towards innovation, design, and construction of new kinds of information and interaction technology." (Fallman, 2003, S. 225).

Abbildung 1   Disziplinen, mit denen die Human Computer Interaction verbunden ist

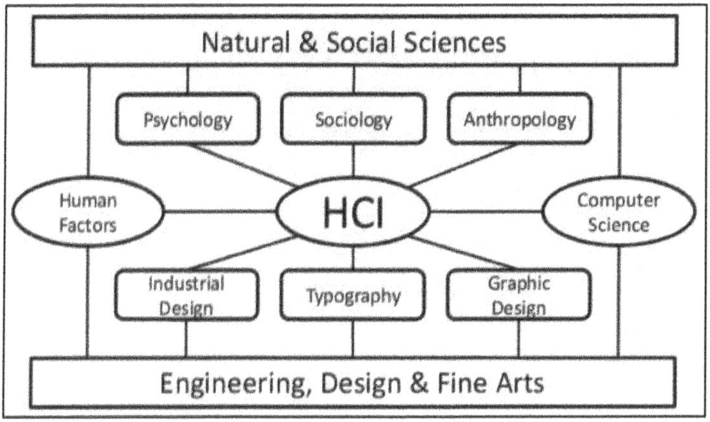

```
┌─────────────────────────────────────────────────────────┐
│              Natural & Social Sciences                    │
│   ┌──────────┐   ┌──────────┐   ┌──────────────┐         │
│   │Psychology│   │ Sociology│   │ Anthropology │         │
│   └──────────┘   └──────────┘   └──────────────┘         │
│  ┌────────┐          ╱──────╲          ┌──────────┐       │
│  │ Human  │─────────(   HCI   )────────│ Computer │       │
│  │Factors │          ╲──────╱          │ Science  │       │
│  └────────┘                            └──────────┘       │
│   ┌──────────┐   ┌──────────┐   ┌──────────┐             │
│   │Industrial│   │Typography│   │ Graphic  │             │
│   │ Design   │   │          │   │ Design   │             │
│   └──────────┘   └──────────┘   └──────────┘             │
│            Engineering, Design & Fine Arts                │
└─────────────────────────────────────────────────────────┘
```

Quelle: Auf Basis von Mackay und Fayard (1997, S. 225)

Design

Das Wort Design wird im Deutschen mit Gestaltung übersetzt. Lauer und Pentak (2012) definieren Design jedoch auch als eine planende und organisierende Tätigkeit, die über eine grafische Gestaltung hinausgeht (vgl. Lauer & Pentak, 2012, S. 4).

Die Definitionen für die Beschreibung des Designprozesses - wie auch die vorgeschlagenen Designmethoden - weichen sehr voneinander ab (vgl. Jones, 1992, S. 3 f.). Sie lassen sich allerdings in die Herangehensweisen *engineering design* und *creative design* unterteilen: "Engineering design assumes that the "problem" to be solved is comprehensively and precisely described, [...]. The mission of engineering design is to find a solution to the problem." (Löwgren, 1995, S. 88). Dazu ist im Gegensatz *creative design*: "[...] creative design is about understanding the problem as much as the resulting artifact. Creative design work is seen as a tight interplay between problem setting and problem solving. [...] Creative design work is inherently unpredictable. Hence, the designer plays a personal role in the process." (Löwgren, 1995, S. 88).

4

Den Studien in dieser Arbeit liegt die Herangehensweise des *engineering design* zu Grunde, bei der die Wissensgewinnung im Mittelpunkt steht (vgl. Fallman, 2003, S. 231).

Kognitive Psychologie

Die kognitive Psychologie untersucht die menschliche Informationsverarbeitung (vgl. Eysenck, 2001, S. 2). Sie betrachtet zum Beispiel die inneren Vorgänge Wahrnehmung, Gedächtnis, Aufmerksamkeit, Sprache, Denken und Entscheiden (vgl. Brown, 2006, S. 6). Auf diese inneren Vorgänge wird indirekt mit naturwissenschaftlichen Methoden geschlossen. Dafür wird eine Hypothese über den Zusammenhang von zwei oder mehr Variablen untersucht. Das geschieht in einem Experiment, bei dem eine oder mehr unabhängige Variablen verändert werden und die Auswirkungen auf eine oder mehr abhängige Variablen gemessen werden (vgl. Brown, 2006, S. 12 f.).

Die abhängigen Variablen, die in den verwendeten Studien herangezogen werden, können in *human performance* (nachfolgend als Performance bezeichnet) und *cognitive processes* unterteilt werden (vgl. Norman, 1991, S. 10). Der größte Teil der Studien beschränkt sich auf die Performance Indikatoren von Norman (1991): *speed of performance* (im Folgenden synonym mit Zeit, Dauer oder Geschwindigkeit bezeichnet) und *rate and type of errors*[5] (im Folgenden synonym mit Fehler, oder Fehlerrate bezeichnet) (vgl. Norman, 1991, S. 10). Außerdem werden die Performance Indikatoren *eye fixations* und *lostness* (P. A. Smith, 1996) gemessen. Die letzteren zwei Variablen werden in den entsprechenden Studien erläutert. Variablen, die *cognitive processes* zugeordnet sind, werden nur in Kapitel 4.1 untersucht und dort erläutert. Eine Übersicht über die verwendeten abhängigen Variablen findet sich in Kapitel 5.

Subjektive Bewertungen als abhängige Variable, die in einem Teil der Studien erhoben werden, werden ausgeklammert. Grund ist die Einschätzung von Norman (1991), welche besagt, dass subjektive Bewertungen häufig durch externe Faktoren verfälscht werden, wenn keine einheitlichen Bedingungen geschaffen werden (vgl. Norman, 1991, S. 21).

Nachdem die Definition der grundlegenden Begriffe abgeschlossen ist, folgt die Darstellung der kognitiven Studien, die sich mit dem Design von Websites befassen.

---

[5] Fehler sind zum Beispiel: Anklicken des falschen Zieles mit der Maus, Verfehlen des Zieles mit der Maus, unnötige Klicks mit der Maus, Zeitüberschreitung beim Lösen einer Aufgabe, falsche Antworten auf eine inhaltliche Frage

3 Studien zur Navigation einer Website

Als Navigation werden alle Links, Beschriftungen und andere Elemente bezeichnet, die den Zugriff auf einzelne Seiten einer Website erlauben und die eine Orientierung über die inhaltliche Struktur einer Website ermöglichen (vgl. James Kalbach, 2007, S. 5). Die Navigation kann aus einem expliziten Menü, impliziten Links im Text, oder Grafiken bestehen (vgl. Yu & Roh, 2002, S. 925).

In dem folgenden Kapitel werden Studien herangezogen, die sich mit der Navigation aus Sicht der kognitiven Informationsverarbeitung beschäftigen. Die Ergebnisse der Studien werden dargestellt und interpretiert, um zu untersuchen, inwieweit sie die praktischen Bedürfnisse von Webdesigner/-innen abdecken. Das Kapitel unterteilt sich in vier Unterpunkte: *3.1 Die Platzierung des Navigationsmenüs*, 3.2 *Das dynamische Menü*, 3.3 *Die Breite und Tiefe eines dynamischen Menüs* und abschließend *3.4 Die Gestaltung einer intra-article navigation*.

3.1 Die Platzierung des Navigationsmenüs

In diesem Kapitel werden drei Studien dargestellt, die untersuchen, welche Auswirkungen die Platzierung des Navigationsmenüs auf die Performance ausübt. Hierbei zeigt sich, dass Menüs, bei denen alle Menüebenen am selben Bildschirmrand positioniert sind, keinen Einfluss auf die Performance besitzen. Hingegen wird bei Menüs, bei denen die Menüebenen an unterschiedlichen Bildschirmrändern dargestellt werden, ein Einfluss der Position auf die Performance nachgewiesen. Die Anzahl der Menüebenen gibt an, wie oft Unterpunkte gebildet werden (vgl. Abbildung 2)

Ausgangspunkt ist die Studie von Kalbach und Bosenick (2003). Die Autor/-innen kommen zu dem Ergebnis, dass eine Platzierung des Menüs auf der rechten oder der linken Seite keinen Unterschied für die Performance macht (vgl. J. Kalbach & Bosenick, 2003, S. 8). An der Studie beteiligen sich 64 Teilnehmer/-innen, die auf zwei Websites mit links oder rechts positionierter Navigation Informationssuchaufgaben lösen. Gemessen wird die Performance anhand der für die Aufgaben benötigten Zeit (vgl. J. Kalbach & Bosenick, 2003, S. 8). Das

Ergebnis zeigt, dass die Position des Navigationsmenüs, links oder rechts, keine signifikante Auswirkung auf die Zeit hat, die für das Auffinden von Informationen benötigt wird (vgl. J. Kalbach & Bosenick, 2003, S. 8).

Abbildung 2   Schema eines Menüs mit drei Ebenen, zur Illustration des Begriffes der Menüebene

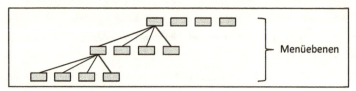

Eigene Darstellung

Aufbauend auf der Untersuchung von Kalbach und Bosenick (2003) testen McCarthy, Sasse und Riegelsberger (2004) zusätzlich die Positionierung des Menüs am oberen Bildschirmrand. Die Autor/-innen stellen die Arbeitshypothese auf, dass eine links platzierte Navigation eine bessere Performance aufweist als rechts oder oben platzierte, da das Menü gemäß Bernard (2001) (vgl. Kapitel 4.1) links erwartet wird (vgl. McCarthy u. a., 2004, S. 5).

An der Studie nehmen 31 Teilnehmer/-innen teil, die jeweils 9 Aufgaben durchführen. In den Aufgaben suchen die Probanden nach Informationen, die im Menü enthalten sind. Als abhängige Variablen werden die benötigte Zeit zum Abschluss einer Suchaufgabe gemessen und die *eye fixations* durch *eye tracking*[6] beobachtet (vgl. McCarthy u. a., 2004, S. 4 f.).

Eine Augenbewegung wird als *eye fixation* gewertet, wenn der Blick einer Teilnehmer/-in innerhalb eines festgelegten Radius für eine bestimmte Mindestdauer verweilt. Die Mindestdauer und der Radius werden jeweils neu festgelegt[7].

Die Beobachtung der Augenbewegungen kann gemäß einer Studie von Goldberg und Kotval (1999) den unbewussten Suchprozess deutlich machen (vgl. Goldberg & Kotval, 1999, S. 644). Insbesondere können *eye fixations* gemäß Goldberg und Kotval (1999) die Perfomance teilweise feiner anzeigen, als die Variable der benötigten Zeit (vgl. Goldberg & Kotval, 1999, S. 644).

---

[6] *Eye tracking* bezeichnet das Aufzeichnen der Blickbewegung einer Person.
[7] In der Studie von Leuthold, Schmutz, Bargas-Avila, Tuch, und Opwis (2011), dargestellt in Kapitel 6.2, beträgt die Mindestdauer zum Beispiel 100 Millisekunden und der Durchmesser 30 Pixel.

Im Ergebnis kann die Arbeitshypothese nicht bewiesen werden. Es wird sogar im Gegenteil das Ergebnis von Kalbach und Bosenick (2003) bekräftigt: Die Position des Menüs hat keine signifikante Auswirkung auf die Gesamtdauer der Informationssuche (vgl. McCarthy u. a., 2004, S. 12). Gleichwohl zeigt die Betrachtung kürzerer Zeitabschnitte, dass die Testpersonen beim Laden der ersten Seite mit dem linken Menü schneller sind, dieser Effekt aber schon auf der zweiten Seite verschwindet (vgl. McCarthy u. a., 2004, S. 7).

Das Ergebnis einer schnellen Anpassung zeigt sich auch bei der Auswertung der *eye fixations*: Ist das Menü links angeordnet, verteilen sich die *eye fixations* bei dem Laden der ersten Seite hauptsächlich auf den mittigen und oberen Bildschirmbereich, beim zweiten Laden steigt die Zahl der *eye fixations* für den linken Bildschirmbereich stark an. Ist das Menü rechts positioniert, verdoppelt sich die Anzal der *eye fixations* für den rechten Bildschirmbereich beim Laden der zweiten Seite. (vgl. McCarthy u. a., 2004, S. 9 ff.).

Die Autor/-innen ziehen daraus das Fazit, dass die Erwartung einer links platzierten Navigation (vgl. Bernard (2001) in Kapitel 4.1) auf die Performance nur einen, in Bezug auf die Zeit, sehr kurzen Einfluss besitzt. Die Erwartung wird bereits beim Laden der zweiten Seite angepasst und hat dann keinen Einfluss mehr auf die Performance (vgl. McCarthy u. a., 2004, S. 7).

Einen anderen Blickwinkel als in den vorangegangen Studien nehmen Kingsburg und Andre (2004) ein. Die Verfasser/-innen betrachten das Navigationsmenü nicht als eine Einheit, sondern sie unterteilen ein Navigationsmenü in seine Menüebenen und platzieren sie unabhängig voneinander. Es werden alle Möglichkeiten getestet, die links und oben oder rechts und oben kombinieren (vgl. Kingsburg & Andre, 2004, S. 1513). Für jede Variation des Menüs werden zwölf Navigations- und Suchaufgaben von insgesamt 16 Teilnehmer/-innen bearbeitet (vgl. Kingsburg & Andre, 2004, S. 1513). Gemessen werden die abhängigen Variablen Navigationszeit und Fehlerrate (vgl. Kingsburg & Andre, 2004, S. 1514).

Im Ergebnis ist die Performance der Testpersonen signifikant besser, d.h. geringere Zeit und Fehlerrate, wenn alle Menüebenen, oder die zweite und dritte Ebene, gruppiert sind (vgl. Kingsburg & Andre, 2004, S. 1515). Die resultierenden Menüarten sind in Abbildung 3 schematisch dargestellt.

Abbildung 3   Links-Links-Links (L-L-L), Links-Oben-Oben (L-O-O), Rechts-Rechts-
Rechts (R-R-R), Rechts-Oben-Oben (R-O-O)

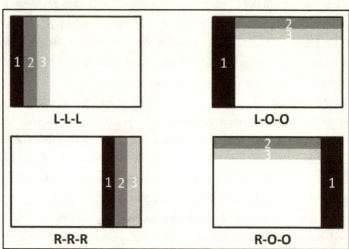

Quelle: Auf Basis von Kingsburg und Andre (2004, S. 1515)

Die Ergebnisse von Kingsburg und Andre (2004) sind von praktischer Bedeutung für das Design von Websites, da die Menüebenen auf vielen Websites im Internet voneinander getrennt platziert sind[8]. Die Verwertbarkeit dieser Ergebnisse wird jedoch dadurch eingeschränkt, dass keine Angaben über die Art des Menüs (dynamisch oder statisch) gemacht werden. Die Art des Menüs hat jedoch einen Einfluss auf die Performance, wie in Kapitel 3.2 deutlich wird, in dem dynamische und statische Menüs definiert und verglichen werden.

Die genannten Ergebnisse in dem vorliegenden Kapitel geben Anhaltspunkte für die Praxis über die geringe Bedeutung der Positionierung von Navigationsmenüs, die als eine Einheit dargestellt sind. Ein Einfluss auf die Performance vollständig bearbeiteter Aufgaben ist nicht feststellbar.

Allerdings bleibt unklar, welche Bedeutung der anfängliche Vorteil einer Platzierung auf der linken Seite besitzt. Hier erscheint weitere Forschung aber nicht notwendig, sondern die Bedeutung der Positionierung des Navigationsmenüs sollte als Bestandteil der in Kapitel 4.1 behandelten mentalen Modelle untersucht werden. Für die Praxis sind die Ergebnisse, welche

---

[8] Beispielsweise „TU Dresden" (2013)

zeigen, dass die Position des Menüs letztendlich keine Rolle für vollständig bearbeitete Aufgaben spielt, dennoch relevant, da sich erweist, dass der anfängliche Vorteil keinen Einfluss auf die Performance der gesamten Aufgaben besitzt.

Im Gegensatz zu Menüs, die als Einheit dargestellt werden, ist bei Menüs mit getrennten Menüebenen ein Einfluss der Position auf die Performance feststellbar. Da das bei der Studie von Kingsburg und Andre (2004) verwendete Menü jedoch ungenau beschrieben ist und nur ein Menü mit drei Menüebenen verwendet wird, sind die Ergebnisse nur ein erster Hinweis, der in weiteren Studien genauer belegt werden sollte. In diesen Studien sollte die Art des Menüdesigns (dynamisch oder statisch) beschrieben werden und unterschiedlich komplexe Menüdesigns, bei denen die Anzahl der Menüebenen und Menüpunkte variiert wird, untersucht werden.

In Bezug auf das zentrale Anliegen der Arbeit, inwieweit der aktuelle Stand der Kognitionsforschung die praktischen Bedürfnisse von Webdesigner/-innen abdecken kann, zeigt das Kapitel, dass der Stand der Kognitionsforschung in Bezug auf die Platzierung von Navigationsmenüs, die als Einheit dargestellt werden, die Bedürfnisse von Webdesigner/-innen in der Praxis abdeckt, da deutlich wird, dass die Positionierung keine Rolle spielt. Bei Menüs mit getrennten Menüebenen sind die Ergebnisse von Webdesigner/-innen jedoch nur teilweise anwendbar. Da nur Menüs mit drei Menüebenen untersucht werden und unklar ist, ob die Ergebnisse für ein dynamisches oder ein statisches Menü gelten.

3.2 Das dynamische Menü

Dynamische Menüs sind Menüs, welche eine untergeordnete Ebene sofort anzeigen, wenn der Mauszeiger über den übergeordneten Menüpunkt bewegt wird oder dieser angeklickt wird. Ein statisches Menü dagegen zeigt eine untergeordnete Ebene erst nach erneutem Laden der Website an.

Dynamische Menüs werden in dem folgenden Kapitel behandelt. Es wird der Frage nachgegangen, ob dynamische Menüs im Vergleich zu statischen Menüs aus Sicht der kognitiven Informationsverarbeitung vorteilhafter sind. Dafür werden zwei Studien angeführt, die die Performance dynamischer und statischer Menüs vergleichen. Hierbei zeigt sich, dass die Frage nicht eindeutig beantwortet werden kann, weil die Menüdesigns der genannten Studien nicht vergleichbar sind.

Die erste Studie von Yu und Roh (2002) vergleicht ein dynamisches Menü mit zwei statischen Menüs. Die Studie kommt zu dem Schluss, dass dynamische Menüs hinsichtlich der Performanceindikatoren als besser für die menschlichen Informationsverarbeitungsprozesse einzustufen sind, als statische Menüs (vgl. Yu & Roh, 2002, S. 930).

Im Verlauf der Studie suchen 17 Teilnehmer/-innen auf drei Testwebsites nach Informationen, bei denen die unten beschriebenen Menüs verwendet werden (vgl. Yu & Roh, 2002, S. 929). Gemessen wird die Performance, ausgedrückt durch die benötigte Zeit für die gestellten Suchaufgaben (vgl. Yu & Roh, 2002, S. 929).

Das erste Menüdesign, das *simple selection menu design*, zeigt nur die aktuelle Ebene an (vgl. Abbildung 4). Um die nächste, oder die vorherige Ebene zu erreichen, muss ein Menüpunkt geklickt, oder in der Verlaufsfunktion des Browsers zurückgegangen werden.

Abbildung 4   Simple selection menu. Links die zweite und rechts die dritte Menüebene

Quelle: Yu und Roh (2002, S. 927)

Das zweite Menüdesign, das *global and local navigation menu,* besteht aus einer horizontalen Leiste mit den Menüeinträgen der ersten Ebene und einer seitlichen Leiste mit der zweiten und dritten Ebene (vgl. Abbildung 5). Bei dem *global and local navigation menu* wird die untergeordnete Ebene nach erneutem Laden der Website angezeigt, sobald der übergeordnete Menüpunkt ausgewählt wird. Das dritte Menüdesign, das *pull-down menu design*, ist ein dynamisches Menü, bei dem die untergeordneten Menüebenen sofort angezeigt werden, wenn der Mauszeiger über den übergeordneten Eintrag bewegt wird (vgl. Abbildung 5) (vgl. Yu & Roh, 2002, S. 926–929).

Abbildung 5 *Global and local navigation menu* (links) und *Pull-down menu* (rechts). Es ist jeweils die dritte Menüebene dargestellt

Quelle: Yu und Roh (2002, S. 928)

Ergebnis der Studie ist, dass die benötigte Zeit für das dynamische *pull-down menu design* signifikant am geringsten ist (vgl. Yu & Roh, 2002, S. 930). Zwischen den beiden anderen Menütypen gibt es keinen signifikanten Unterschied in der benötigten Zeit. Allerdings ist die benötigte Zeit bei dem *simple selection menu design* signifikant länger als bei den anderen Menüarten (vgl. Yu & Roh, 2002, S. 930). Als Grund für das schlechte Abschneiden des *simple selection menu design* vermuten die Autoren die fehlenden Hinweise auf die inhaltliche Struktur der Website, denn der Kontext des jeweils ausgewählten Menüpunktes ist nicht ersichtlich (vgl. Yu & Roh, 2002, S. 931). Es kann also festgestellt werden, dass die Autor/-innen zu folgender - auch später in Tabelle 2 gezeigten - Hierarchie der Menüdesigns in Bezug auf die Performance gelangen: An erster Stelle steht das *pull-down menu design,* dann folgt das *global and local navigation menu* und als letztes das *simple selection menu design.*

In der zweiten Studie von Leuthold u. a. (2011) werden zwei Menüdesigns verwendet: Erstens ein statisches Menü, das *vertical menu,* bei dem permanent 20 in Kategorien angeordnete Menüpunkte angezeigt werden (vgl. Abbildung 6). Zweitens ein dynamisches Menü, das *dynamic menu,* das wie das *vertical menu* aufgebaut ist, mit dem Unterschied, dass eine untergeordnete Menüebene erst durch einen Klick auf den übergeordneten Menüpunkt dynamisch geöffnet wird (vgl. Abbildung 6) (vgl. Leuthold u. a., 2011, S. 465).

Abbildung 6 Von links nach rechts: *vertical menu, dynamic menu*

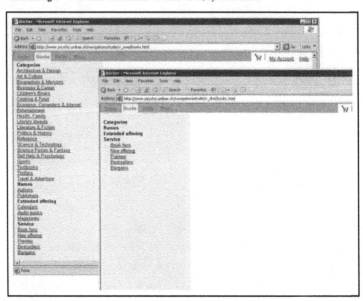

Quelle: Auf Basis von Leuthold u. a. (2011, S. 464)

Es nehmen 120 Teilnehmer/-innen an der Studie teil, die Aufgaben mit geringer Komplexität (ein Suchkriterium und eine Antwortmöglichkeit) und hoher Komplexität (mehrere Kriterien und mehrere Antwortmöglichkeiten) bearbeiten (vgl. Leuthold u. a., 2011, S. 465). Zielgröße ist die Performance, gemessen durch die Anzahl der *eye fixations* für das Laden einer neuer Seite, die Zeit, die benötigt wird, um sich für einen Menüpunkt zu entscheiden, und die Fehlerrate (vgl. Leuthold u. a., 2011, S. 466).

Das Ergebnis zeigt, dass die Zeit bis zur Auswahl eines Menüpunktes beim *vertical menu* signifikant kürzer ist als beim *dynamic menu* (vgl. Leuthold u. a., 2011, S. 468). Die Anzahl der *eye fixations* ist, unabhängig von der Komplexität der Aufgaben, bei dem *dynamic menu* signifikant höher (vgl. Leuthold u. a., 2011, S. 467). Die Anzahl richtiger Antworten ist bei schwierigen Aufgaben mit dem *vertical menu* signifikant höher. Bei leichten Aufgaben ist die Anzahl richtiger Antworten gleich (vgl. Leuthold u. a., 2011, S. 467).

Begründet werden die Ergebnisse mit der *cognitive cost* Theorie nach Ware (2008) (vgl. Leuthold u. a., 2011, S. 470). Ware (2008) stellt die These auf, dass ein Interface (Schnittstelle zwischen Mensch und Computer) verbessert werden kann, indem die für die Interaktion notwendigen *cognitive costs* verringert werden (vgl. Ware, 2008, S. 104). Relevante Beispiele für *cognitive costs* sind in Tabelle 1 dargestellt. Die Theorie wird hier wegen ihrer Praxistauglichkeit erwähnt und wird in der nachstehenden Diskussion wieder aufgegriffen (vgl. Leuthold u. a., 2011, S. 462).

Tabelle 1   Beispiele für cognitive costs

Aktion	cognitive costs
Augenbewegung	0,1 Sekunden
Maus über Objekt bewegen ohne Klicken, um zusätzliche Informationen anzuzeigen	1,0 Sekunden
Auswahl mit der Maus	1,5 Sekunden

Quelle: Auf Basis von Ware (2008, S. 104)

Im Ergebnis zeigt die Studie von Leuthold u. a. (2011), dass es für die Informationsverarbeitungsprozesse vorteilhafter ist, wenn kein dynamisches Menü zum Einsatz kommt, sondern alle Menüeinträge immer gezeigt werden (vgl. Leuthold u. a., 2011, S. 471).

Diskussion

Innerhalb der beiden angeführten Studien wird jeweils ein Menüdesign mit der besten Performance gefunden. In der Studie von Yu und Roh (2002) besitzt das dynamische Menü eine bessere Performance und in Leuthold u. a. (2011) zeigt sich, dass das statische Menü, das immer alle Menüpunkte anzeigt, eine höhere Performance hat (vgl. Tabelle 2).

Allerdings kann die Aussage, dass das *vertical menu* in Leuthold u. a. (2011) im Hinblick auf die kognitiven Informationsverarbeitungsprozesse effizienter als das dynamische *pulldown menu* bei Yu und Roh (2002) ist, nicht getroffen werden. Dafür weichen die dynamischen Menüs der beiden Studien zu sehr voneinander ab. Unterschiede finden sich in der Ausrichtung der Menüs (horizontal und vertikal), und in der Anzahl der Menüpunkte und

14

Menüebenen (Komplexität der Navigation, vgl. Kapitel *3.3 Die Breite und Tiefe eines dynamischen Menüs*).

Tabelle 2 Übersicht über die Ergebnisse von Yu und Roh (2002) und Leuthold u. a. (2011)

Menüdesign	Quelle	Performance	
		Dauer der Suche	*eye fixations*
pull-down menu design	(Yu & Roh, 2002)	1. **Rangplatz**	-
global and local navigation menu		2. Rangplatz	-
simple selection menu design		3. Rangplatz	-
vertical menu	(Leuthold u. a., 2011)	1. **Rangplatz**	1. Rangplatz
dynamic menu		2. Rangplatz	2. Rangplatz

Eigene Darstellung

Würde die in Leuthold u. a. (2011) verwendete *cognitive cost* Theorie nach Ware (2008) angewendet, würde sich eine praxisrelevante Guideline ergeben. Mit dieser würde sich das statische *vertical menu* aus der Studie von Leuthold u. a. (2011) als am effizientesten erweisen. Für das *vertical menu* sind nur Augenbewegungen (0,1 Sekunden) notwendig, für alle anderen Menüdesigns kommen Mausbewegungen (10-fache *cognitive costs* der Augenbewegungen) und das Auswählen mit der Maus hinzu (15-fache *cognitive costs* der Augenbewegungen). Diese Hypothese auf Grundlage der *cognitive cost* Theorie ist jedoch nur eine Hilfestellung für die Praxis und sollte durch zukünftige Forschung belegt werden.

Unabhängig von der Performance und den *cognitive costs* ist der Einsatz eines statischen Menüs, das immer alle Navigationselemente anzeigt, in der Praxis begrenzt. Wird die Navigationsstruktur zu komplex, reicht das Platzangebot ab einer bestimmten Anzahl an Menüpunkten und Menüebenen nicht mehr aus, um alle Elemente auf sinnvolle Weise gleichzeitig anzuzeigen. In diesem Fall kann darauf geschlossen werden, dass ein dynamisches Menü die bessere Lösung ist.

Insgesamt ist keine empirisch begründete Aussage darüber möglich, ob ein dynamisches oder ein statisches Menü aus Sicht der menschlichen Informationsverarbeitung vorteilhafter ist. Werden die Studien, die Anwendung der Theorie der *cognitive costs* und die eigenen Überlegungen zusammengenommen, kommt dieses Kapitel zu dem Ergebnis, dass dynamische Menüs nur bei komplexen Menüs mit vielen Menüebenen und Menüpunkten zum Einsatz kommen sollten. Bei einer geringen Komplexität eines Menüs ist das Anzeigen möglichst vieler Elemente gleichzeitig aus Sicht der kognitiven Informationsverarbeitung vorteilhafter.

In der künftigen Forschung, sollten sämtliche Menüdesigns, wie sie z.B. in den beiden angeführten Studien verwendet werden, so aneinander angepasst werden, dass sie in Ausrichtung und Komplexität vergleichbar sind und daran anschließend in einem Experiment verglichen werden können.

Mit Blick auf die Fragestellung der Arbeit zeigt das Kapitel, dass in der Praxis die Ergebnisse der Kognitionsforschung in Bezug auf die Auswahl der Art des Menüs nur begrenzt relevant sind. Es finden sich zwar verwertbare Aussagen über den Vergleich zwischen einem Teil der möglichen Menüarten, jedoch ist keine vollständige Hierarchisierung aller Menüarten möglich.

3.3 Die Breite und Tiefe eines dynamischen Menüs

Das vorhergehende Kapitel kam zu dem Ergebnis, dass ein dynamisches Menü bei komplexen Menüs zum Einsatz kommen sollte. Im folgenden Kapitel werden dynamische Menüs hinsichtlich der Fragestellung behandelt, ob bei einer großen Anzahl an Menüpunkten besser die Breite oder die Tiefe erhöht werden sollte. Dazu werden zwei Studien herangezogen, die zum einen ein Menü mit 64 und zum anderen ein Menü mit 512 Menüpunkten untersuchen. Hierbei zeigt sich, dass nur eine große Tiefe die Performance negativ beeinflusst, jedoch nicht eine große Breite. Darum sollte vorzugsweise die Breite erhöht werden.

Vor der Darstellung der Studien werden die Begriffe Breite und Tiefe erläutert: Die Breite eines Menüs wird durch die Anzahl der Menüeinträge pro Menüebene bestimmt, je mehr Einträge desto breiter ist das Menü. Die Anzahl der Menüebenen hingegen bestimmt die Tiefe eines Menüs.

Die als erste dargestellte Studie von Zaphiris (2000) kommt zu dem Schluss, dass bei insgesamt 64 Menüpunkten eine Tiefe von zwei Menüebenen und eine Breite von acht Menüelementen aus Sicht der menschlichen Informationsverarbeitung am effizientesten ist.

An der Studie nehmen 17 Menschen teil, die Suchaufgaben mit vier verschiedenen Menüdesigns bearbeiten. Drei Menüdesigns haben folgende homogene Breite und Tiefe: Breite x Tiefe: *2x6*, *4x3*, *8x2*. Dies bedeutet beispielsweise für das Menüdesign *4x3*, dass die oberste Menüebene vier Menüpunkte zählt und jeder Menüpunkt vier Unterpunkte besitzt, die jeweils wieder vier Unterpunkte haben (vgl Abbildung 7).

Abbildung 7   Schema des Menüdesigns 4x3, mit zum Teil dargestellten Unterpunkten.

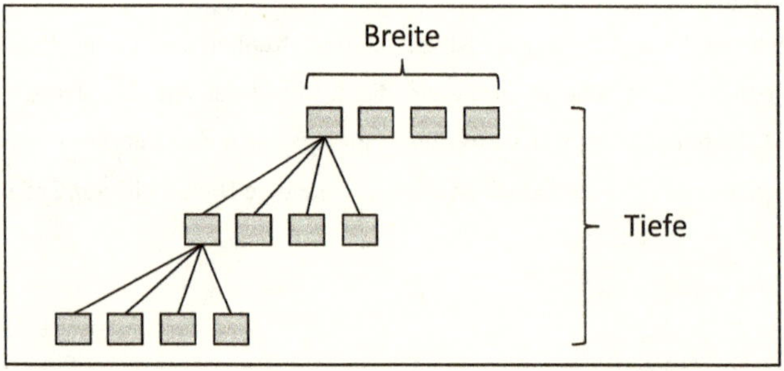

Eigene Darstellung

Ein viertes Menüdesign ist heterogen und besitzt eine Breite von vier Elementen auf der ersten Menüebene und eine Breite von 16 Elementen auf der zweiten Menüebene. (vgl. P. G. Zaphiris, 2000, S. 454). Gemessen wird die Performance anhand der Variablen der Zeit, die für die Lösung der Suchaufgaben benötigt wird, und der Anzahl der verursachten Fehler (vgl. P. G. Zaphiris, 2000, S. 455).

Das Ergebnis der Studie ist, dass die Probanden/-innen mit dem Menüdesign 8x2 signifikant am schnellsten sind und signifikant die wenigsten Fehler machen (vgl. P. G. Zaphiris, 2000, S. 455). Außerdem bewirkt die Steigerung der Breite von acht auf 16 Elemente keinen signifikanten Anstieg der benötigten Zeit (vgl. P. G. Zaphiris, 2000, S. 455). Demgegenüber ist die Performance der Menüs mit der größten Tiefe signifikant am geringsten[9] (vgl. P. G. Zaphiris, 2000, S. 455). Die Autor/-innen ziehen den Schluss, dass nicht die Anzahl der Links pro Menüebene über die Performance entscheidet, sondern die Tiefe eines dynamischen Menüs (vgl. P. G. Zaphiris, 2000, S. 456).

Die zweite Studie von Larson und Czerwinski (1998) erhöht die Anzahl der Menüpunkte auf insgesamt 512. Im Gegensatz zu der vorher beschriebenen Studie von Zaphiris (2000) stellt sich in dieser Studie heraus, dass ein Menü mit einer deutlich höheren Breite als acht Elemente die beste Performance aufweist. Larson und Czerwinski (1998) zeigen, dass für die Performance nur die Tiefe des Menüs entscheidend ist.

19 Personen nehmen an der Studie teil und bearbeiten Suchaufgaben mit verschiedenen Menüdesigns. Die verwendeten Menüdesigns sind: (1) ein homogenes Menü mit einer Breite von acht und einer Tiefe von drei Menüpunkten (*8x3*). Außerdem zwei heterogene Menüdesigns mit (2) einer Breite von 16 Menüpunkten in der ersten Menüebene mit jeweils 32 Unterpunkten auf der zweiten Menüebene (*16/32*) sowie (3) ein Menüdesign mit 32 Oberpunkten auf der ersten und 16 Unterpunkten auf der zweiten Menüebene (*32/16*) untersucht (vgl. Larson & Czerwinski, 1998, S. 27).

Gemessen wird die Performance, ausgedrückt durch die benötigte Zeit für die Aufgaben, und die sogenannte *lostness* nach Smith (1996), die misst, ob sich Benutzer/-innen „im Kreis bewegen" und Inhalte wiederholt besuchen (vgl. Smith, 1996, S. 371).

Im Ergebnis sind die Menüs *16/32* und *32/16* signifikant schneller als das *8x3* Menü (vgl. Larson & Czerwinski, 1998, S. 28). Die *lostness* ist signifikant höher bei dem *8x3* Menü, im Vergleich zu den restlichen Menüs (vgl. Larson & Czerwinski, 1998, S. 29).

Die Autor/innen kommen zu dem Schluss, dass viele Menüpunkte vorzugsweise durch eine Erhöhung der Breite und nicht der Tiefe untergebracht werden sollten (vgl. Larson & Czerwinski, 1998, S. 29).

---

[9] Zu dem gleichen Ergebnis kommen Studien aus der HCI, die Menüs mit 64 Einträgen untersuchen. Ein *8x2* Menü weist die beste Performance auf (vgl. Kiger, 1984, S. 207; Snowberry, Parkinson, & Sisson, 1983, S. 708). Außerdem nimmt die Performance ab einer Tiefe von zwei bis drei Ebenen stark ab (vgl. Kiger, 1984, S. 208).

Diskussion

In den herangezogenen Studien wurde eine maximale Breite von 32 Elementen untersucht. Aussagen über eine größere Breite können aufgrund der bearbeiteten Studien darum nicht getroffen werden. Es kann aber vermutet werden, dass die Breite eines Menüs in der Praxis von der Bildschirmbreite der Internetnutzer/-innen begrenzt wird (drei Viertel der Internetnutzer/-innen verwenden eine Bildschirmbreite von 1024 bis 1280 Pixeln (vgl. Lynch & Horton, 2009, S. 199)).

Neben der Begrenzung der Breite durch die übliche Bildschirmgröße ist auch die Kategorisierung und die Beschriftung der Menüeinträge von Bedeutung für das Design eines Menüs. Die Entscheidung, welche Breite gewählt wird, hängt auch davon ab, welche Kategorien und Unterkategorien mit den Menüeinträgen sinnvoll gebildet werden können. Aus diesem Grund heben Larson und Czerwinksi (1998) hervor, dass neben dem Layout des Menüs auch die Bezeichnung und die Semantik (Bedeutung) der Menüeinträge beachtet werden müssen (vgl. Larson & Czerwinski, 1998, S. 30).

Insgesamt kommen die Autor/-innen der genannten Studien zu dem Schluss, dass die Tiefe eines Menüs über die Performance entscheidet und diese gering sein sollte (höchstens zwei bis drei Menüebenen). Folglich sollte bei dem Design eines Menüs die Breite erhöht werden, soweit dies möglich ist und diese nicht von den oben genannten Faktoren Bildschirmbreite, Kategorisierung oder Beschriftung begrenzt wird.

Da diese Guideline in der Praxis anwendbar ist, besteht aus Sicht der praxisrelevanten Bedürfnisse von Webdesigner/-innen kein Bedarf an zusätzlicher Forschung über die Breite und Tiefe dynamischer Menüs.

3.4 Die Gestaltung einer intra-article navigation

Neben der globalen Navigation, die zu anderen Seiten innerhalb der Website führt, kann mit einer sogenannten *intra-article navigation* innerhalb eines Artikels navigiert werden. Welche Faktoren für die Gestaltung einer effizienten *intra-article navigation* aus Sicht der Informationsverarbeitung wichtig sind, wird im Folgenden untersucht. Hierzu wird eine Studie herangezogen, die die Gestaltung einer *intra-article navigation* behandelt. Es zeigt sich, dass die *intra-article navigation* das Leseverständnis nur verbessert, wenn sie deutlich von der globalen Navigation unterscheidbar ist.

Cuddihy und Spyridakis (2012) untersuchen eine *intra-article navigation,* die aus dem Titel und der Überschriftenstruktur des Artikels gebildet wird (vgl. Cuddihy & Spyridakis, 2012, S. 1402). An der Studie nehmen 224 Teilnehmer/-innen teil, deren Aufgabe es ist, sich 20 Minuten auf der Testwebsite zu bewegen und die Inhalte zu lesen (vgl. Cuddihy & Spyridakis, 2012, S. 1403). Die Testpersonen verwenden eine Website mit jeweils einer der folgenden Variationen: Die *intra-article navigation* der Variationen eins und zwei ersetzen die globale Navigation (vgl. Abbildung 8) bei Aufruf eines Artikels (vgl. Abbildung 9 und Abbildung 10).

Abbildung 8 Gestaltung der globalen Navigation der Testwebsite

Quelle: Auf Basis von Cuddihy und Spyridakis (2012, S. 1404)

Sie verwenden das gleiche grafische Design wie die globale Navigation. Im Vergleich zu Variation eins ist Variation zwei zusätzlich durch eine Überschrift kenntlich gemacht (vgl. Cuddihy & Spyridakis, 2012, S. 1403–1404).

Abbildung 9 Variation eins ersetzt die globale Navigation und ist grafisch wie die globale Navigation gestaltet

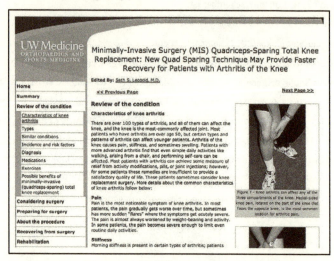

Quelle: Auf Basis von Cuddihy und Spyridakis (2012, S. 1403)

Abbildung 10 Variation zwei ersetzt ebenfalls die globale Navigation und ist grafisch wie die globale Navigation gestaltet, jedoch zusätzlich durch eine Überschrift kenntlich gemacht (umkreist)

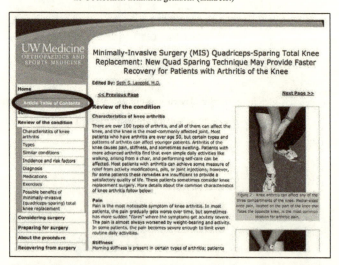

Quelle: Auf Basis von Cuddihy und Spyridakis (2012, S. 1403)

21

Variation drei und vier nutzen ein Design, das von der globalen Navigation grafisch gut unterscheidbar ist (siehe Abbildung 11). Dabei ersetzt Variation drei die globale Navigation, sobald ein Artikel aufgerufen wird. Variation vier wird gleichzeitig mit der globalen Navigation angezeigt, jedoch getrennt von der globalen Navigation positioniert (vgl. Cuddihy & Spyridakis, 2012, S. 1404).

Abbildung 11   Variation drei (links) ersetzt die globale Navigation. Variation vier (rechts) ist von der globalen Navigation getrennt, innerhalb des Artikels, positioniert. Beide Variationen unterscheiden sich in ihrer grafischen Gestaltung von der globalen Navigation

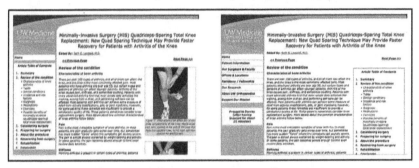

Quelle: Auf Basis von Cuddihy und Spyridakis (2012, S. 1404)

Getestet werden die Auswirkungen auf das Leseverständnis, das durch inhaltliche Fragen im Anschluss an den Test gemessen wird (vgl. Cuddihy & Spyridakis, 2012, S. 1402).

Die Ergebnisse zeigen, dass das Leseverständnis signifikant durch eine *intra-article navigation* verbessert wird, wenn sie durch eine andere Gestaltung von der globalen Navigation visuell unterscheidbar ist (Variation drei, siehe Abbildung 11) (vgl. Cuddihy & Spyridakis, 2012, S. 1407). Allerdings führt Variation vier zu keiner signifikanten Verbesserung des Leseverständnisses, obwohl die grafische Gestaltung von der globalen Navigation unterscheidbar ist (vgl. Cuddihy & Spyridakis, 2012, S. 1407). Die Autor/-innen vermuten als Grund die Konkurrenz um die visuelle Aufmerksamkeit zwischen dem globalen Menü und der *intra-article navigation*, mit der Folge, dass die Vorteile der *intra-article navigation* zunichte gemacht werden (vgl. Cuddihy & Spyridakis, 2012, S. 1407). Die Autor/-innen stellen die Hypothese auf, dass diese Konkurrenz um die visuelle Aufmerksamkeit dadurch verhindert werden könnte, dass die *intra-article navigation* nahe beim Text und die globale Navigation weiter entfernt vom Text positioniert werden sollten. Um diese Schlussfolgerung

22

zu verifizieren, seien jedoch weitere Studien notwendig (vgl. Cuddihy & Spyridakis, 2012, S. 1407).

Das Kapitel zeigt in Bezug auf den Gegenstand der Arbeit, inwieweit der aktuelle Stand der Kognitionsforschung die praktischen Bedürfnisse von Webdesigner/-innen abdeckt, dass dies für einen Teil der Bedürfnisse für den Bereich der Gestaltung einer *intra-article navigation* zutrifft. Dieser Schluss wird gezogen, weil sich Webdesigner/-innen bei der Verwendung einer *intra-article navigation* an der Guideline, dass die *intra-article navigation* und die globale Navigation visuell unterscheidbar sein sollten, in der Praxis orientieren können. Sobald der in der Studie angesprochene Forschungsbedarf umgesetzt ist, sind die Ergebnisse der Kognitionsforschung ein bedeutender Beitrag für die Praxis in Bezug auf die Gestaltung einer *intra-article navigation*.

Damit ist die Darstellung von Studien zu dem Bereich Navigation abgeschlossen. Es wird abschließend bemerkt, dass die Vergleichbarkeit der Studien über Menüdesigns dadurch eingeschränkt ist, dass die Benennung und die Eindeutigkeit der Bezeichnung der Menüpunkte in den Studien unterschiedlich sind. Diese Variablen haben eine Auswirkung auf die Performance von Navigationsmenüs (vgl. Mobrand & Spyridakis, 2007; Wei u. a., 2005). Da die Themengebiete der Inhalte der Testwebsites zwischen den Studien variiert, ist es jedoch nicht möglich, diese Variable in allen Studien gleich zu halten.

Hinsichtlich der Fragestellung der Arbeit kann für den Bereich der Navigation festgehalten werden, dass die Auswirkungen der Variablen Platzierung, Art des Menüs (dynamisch und statisch), Breite eines dynamischen Menüs, Design einer *intra-article navigation* auf die kognitive Verarbeitung nur im Ansatz erforscht sind. Nur ein geringer Anteil der genannten Studien haben eine Guideline als Ergebnis, die als eine abschließende Richtlinie in der Praxis verwendbar ist. Dies gilt für die Positionierung von Navigationsmenüs, die als Einheit dargestellt werden, für die Breite und Tiefe von dynamischen Menüs und für die Gestaltung der *intra-article navigation*. Die restlichen Studien kommen entweder zu einem in der Praxis nicht anwendbaren Ergebnis, oder sie haben eine Guideline als Ergebnis, die nur einen ersten Ansatz darstellt, der weiter ausgebaut werden sollte (zum Beispiel Positionierung von Navigationsmenüs mit getrennten Menüebenen). Eine Übersicht über die praxisrelevanten Guidelines findet sich in Tabelle 3.

23

Tabelle 3   Übersicht praxisrelevanter Aussagen aus dem Kapitel Navigation

Unabhängige Variablen	Stufen	Abhängige Variable	Praxisrelevante Guideline
Positionierung von Navigationsmenüs, die als Einheit dargestellt werden	Links vs. rechts vs. oben	Performance bei vollständigen Aufgaben	Positionierung spielt keine Rolle
Positionierung von Navigationsmenüs mit getrennten Menüebenen	Links vs. rechts vs. oben	Performance	Gruppierung aller Menüebenen, oder Gruppierung der zweiten und dritten Menüebene
Dynamisches Menü	Mehrere Menüarten	Performance	Keine Aussage möglich
Breite und Tiefe eines dynamischen Menüs	Verschiedene Ausprägungen von Breite und Tiefe	Performance	Vorzugweise Erhöhung der Breite und nicht der Tiefe
Gestaltung der *intra-article navigation*	Verschiedene Designs	Leseverständnis	*Intra-article navigation* sollte von globaler Navigation visuell unterscheidbar sein

Eigene Darstellung

4 Studien zum Page Layout einer Website

Nach der Beschäftigung mit der Navigation einer Website wird im Folgenden das Page Layout untersucht. Das Page Layout bezieht sich auf das gesamte Layout einer Website. Gemeint sind Größe, Anordnung und grafische Gestaltung aller Objekte. Im folgenden Kapitel werden zwei Fragen bearbeitet: Zuerst wird der Frage nachgegangen, ob Internetnutzer/-innen eine Vorstellung von der Anordnung typischer Webobjekte haben und ob das Design einer Website nach diesen Vorstellungen ausgerichtet werden sollte. Zweitens wird untersucht, ob die Eigenschaften der Webobjekte innerhalb einer Website konsistent sein sollten.

Ziel des Kapitels ist herauszufinden, inwieweit die Ergebnisse der dargestellten Studien die praktischen Bedürfnisse von Webdesigner/-innen nach praxistauglichen Guidelines abdecken. Außerdem wird aufgezeigt, welche Fragen geklärt werden sollten, um die Praxistauglichkeit der Ergebnisse weiter zu verbessern.

4.1 Das mentale Modell einer Website

Ein mentales Modell ist eine gedankliche Repräsentation eines Gegenstandes, die während der Interaktion mit diesem Gegenstand gebildet wird. Der Zweck eines mentalen Modells ist die Erklärung der Funktionsweise und des aktuellen Zustandes und außerdem die Vorhersage zukünftiger Zustände eines Systems (vgl. Rouse & Morris, 1986, S. 7). In dieser Arbeit wird unter mentalen Modellen insbesondere die Erwartung der Benutzer/-innen an die Anordnung von Webobjekten verstanden. Webobjekte sind Objekte, die auf einer Website verwendet werden, wie zum Beispiel das Navigationsmenü, das Logo der Website, das Login Feld, der Warenkorb, oder das Suchfeld.

In diesem Kapitel wird zuerst untersucht, ob Benutzer/-innen überhaupt mentale Modelle von Websites bilden und wenn ja, wie sie gestaltet sind. Anhand von drei Studien wird gezeigt, dass mentale Modelle über die Anordnung von typischen Webobjekten bestehen und diese in großen Teilen bei unterschiedlichen Nutzer/-innen übereinstimmen.

Daran anknüpfend wird anhand von drei Studien die Frage bearbeitet, ob die gefundenen mentalen Modelle der Benutzer/-innen beim Webdesign berücksichtigt werden sollten. Hier-

25

bei zeigt sich, dass ein von den mentalen Modellen abweichendes Design Auswirkungen auf die Performance hat, jedoch ein Gewöhnungseffekt festzustellen ist.

4.1.1 Vorhandensein mentaler Modelle bei Benutzer/-innen.

Es werden drei Studien dargestellt, in denen untersucht wird, ob Benutzer/-innen mentale Modelle für die Positionierung von Webobjekten bilden.

Bernard (2001) veröffentlicht die erste Studie, die sich mit dieser Frage beschäftigt. 346 Teilnehmer/-innen erhalten die Aufgabe, eine Website gemäß ihren Erwartungen zu konstruieren. Dies wird durch eine Anwendung ermöglicht, mit der beschriftete rechteckige Flächen mit der Maus angeordnet werden können (vgl. Bernard, 2001, S. 1161 f.).

In der Auswertung zeigt sich, dass bei den Teilnehmer/-innen eindeutige mentale Modelle für die Anordnung von Webobjekten vorhanden sind (vgl. Bernard, 2001, S. 62). Auf eine genaue Darstellung der, dargestellt sehr umfangreichen, Ergebnisse wird aus Platzgründen verzichtet und auf die aktuelleren Ergebnisse der nun nachstehende Studie verwiesen.

Mit dem Ziel, die Ergebnisse von Bernard (2001) zu aktualisieren und herauszufinden, ob sich die mentalen Modelle verändert haben, untersuchen Roth, Schmutz, Pauwels, Bargas-Avila und Opwis (2010) ebenfalls die Erwartungen an die Anordnung typischer Webobjekte. Im Verlauf der Studie konstruieren die 516 Teilnehmer/-innen eine Website. Dies geschieht mit Hilfe einer Internet Anwendung, mit welcher mit der Maus beschriftete rechteckige Flächen platziert und in ihrer Größe verändert werden können. Dabei wird in die Kategorien *online shop, news portal* und *company web page* mit den typischerweise verwendeten Objekten unterteilt (vgl. Roth u. a., 2010, S. 142 f.).

Das Ergebnis zeigt, dass sich die Teilnehmer/-innen der Studie über die Anordnung vieler, jedoch nicht aller Objekte einig sind (vgl. Roth u. a., 2010, S. 150). Eine Übersicht geben Abbildung 12 und Abbildung 13, in welchen die Ergebnisse für die Kategorien *online shop* und *news portal* von den Autor/-innen zusammengeführt werden.

Abbildung 12   Zusammengeführte Ergebnisse für die Kategorie *online shop*

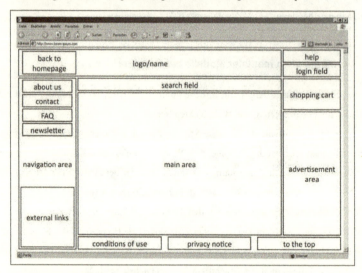

Quelle: Roth u. a. (2010, S. 149)

Abbildung 13   Zusammengeführte Ergebnisse für die Kategorie *news portal*

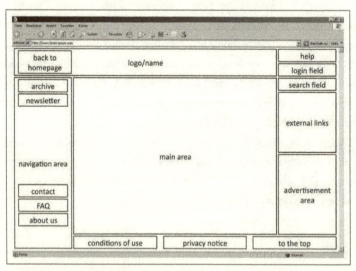

Quelle: Roth u. a. (2010, S. 149)

Im Vergleich zu Bernard (2001) ist nur die Erwartung für die Anordnung der Navigation gleich geblieben. Alle anderen Objekte werden an anderer Stelle erwartet, wobei die Unterschiede verschieden stark ausfallen. Die mentalen Modelle haben sich geändert und an die Veränderung im Internet angepasst (vgl. Roth u. a., 2010, S. 150).

Im Jahr 2013 bestätigen Roth u. a. (2013) die Ergebnisse ihrer vorangegangenen Studie. Anstatt die Teilnehmer/-innen eine Website konstruieren zu lassen, wird mit einem *eye tracker* beobachtet, wie lange die 40 Teilnehmer/-innen benötigen, um vorgegebene Objekte zu fixieren[10] und wie viele *eye fixations*[11] für die Suche benötigt werden (vgl. Roth u. a., 2013, S. 7). Es werden die gleichen Websitekategorien und Webobjekte wie in der vorangegangenen Studie von Roth u. a. (2010) gewählt (vgl. Roth u. a., 2013, S. 4).

Im Ergebnis finden die Teilnehmer/-innen die Objekte schneller und benötigen weniger *eye fixations*, je besser die Position der Objekte den in Roth u. a. (2010) gefundenen Erwartungen entspricht (vgl. Roth u. a., 2013, S. 10).

Insgesamt zeigen die angeführten Studien, dass Benutzer/-innen mentale Modelle für die Anordnung von Objekten auf Websites bilden und diese in großen Teilen bei unterschiedlichen Nutzer/-innen übereinstimmen.

4.1.2 Relevanz mentaler Modelle für das Webdesign.

Das Ergebnis, dass mentale Modelle bei Internetnutzer/-innen vorhanden sind, zieht die Frage nach sich, wie relevant diese gefundenen mentalen Modelle für das Design von Websites aus Sicht der Informationsverarbeitung sind. Die oben genannten Ergebnisse von Roth u. a. (2013), dass Objekte schneller fixiert werden, wenn sie der erwarteten Position entsprechen, spricht für die Beachtung der gefundenen mentalen Modelle. Dabei scheint die Auswirkung des mentalen Modells auf die Performance von der Art des Objektes abhängig zu sein. Der Zusammenhang zwischen der erwarteten Anordnung, den *eye fixations* und der Suchgeschwindigkeit ist bei bestimmten Objekten stärker ausgeprägt: Bei eher kleinen, textbasierten Objekten, wie Suche, Login, den Links 'Kontakt' und 'Über Uns', ist der Zusammenhang

---

[10] Gemäß einer *eye fixation*, bei der ein Radius von 30 Pixeln für mindestens 100 ms Zeit anvisiert wird (siehe auch Kap. 3.1).
[11] Siehe Kapitel 3.1

vergleichsweise stärker (vgl. Roth u. a., 2013, S. 11). Bei größeren, grafischen Objekten, wie zum Beispiel dem Logo oder der Navigation besitzt die Position einen vergleichsweise geringen Einfluss (vgl. Roth u. a., 2013, S. 11). Allerdings ist es problematisch, dass laut der Aufgabenstellung in Roth u. a. (2013) mit jedem Objekt nur einmal interagiert werden muss. Durch diese Beschränkung kann keine Aussage über den zeitlichen Verlauf des Zusammenhangs zwischen den untersuchten Variablen getroffen werden. Somit kann nicht festgestellt werden, ob und wie schnell sich Benutzer/-innen an eine ungewohnte Positionierung von Webobjekten gewöhnen (vgl. Roth u. a., 2013, S. 12). Dies wäre für die praktische Relevanz der gefundenen mentalen Modelle jedoch wichtig, da Objekte während eines Besuches auf einer Website in der Regel häufiger als einmal betrachtet und verwendet werden.

So liefert zum Beispiel die bereits in Kapitel 3.1 angeführte Studie von McCarthy u. a. (2004) Hinweise darauf, dass sich Benutzer/-innen schnell an eine unerwartete Positionierung von Objekten gewöhnen. Die Studie kommt zu dem Schluss, dass der negative Einfluss einer nicht erwartungsgemäß platzierten Navigation auf die Performance nur eine sehr kurze Zeitspanne anhält und beim zweiten Aufruf einer Website bereits verschwindet (vgl. McCarthy u. a., 2004, S. 7). Der Vergleich von Roth u. a. (2013) mit McCarthy u. a. (2004) legt nahe, dass eine praktisch verwendbare Aussage über die Relevanz der von Roth u. a. (2013) ermittelten Modelle nur möglich wäre, wenn die Bedeutung des Gewöhnungseffektes untersucht würde.

Um Anhaltspunkte für die Bedeutung dieses Gewöhnungseffektes zu finden, wird eine Studie von Santa-Maria und Dyson (2008) herangezogen, in welcher der Schluss gezogen wird, dass sich Benutzer/-innen schnell an ungewohnt platzierte und dargestellte Objekte gewöhnen. Die Studie testet, welchen Einfluss die Verletzung von sogenannten *visual conventions* auf die Performance im zeitlichen Verlauf hat (vgl. Santa-Maria & Dyson, 2008, S. 50). Der Begriff *visual conventions* beinhaltet die Position, die Ausrichtung (vertikal oder horizontal) und die Darstellungsmethode (grafisch, textbasiert oder in Kombination) der Objekte einer Website[12] (vgl. Santa-Maria & Dyson, 2008, S. 49).

Abweichend von den oben genannten Studien werden die *visual conventions* jedoch nicht von den Teilnehmer/-innen erfragt, sondern durch Analyse 15 typischer Foren gefunden (vgl. Santa-Maria & Dyson, 2008, S. 49). Als typische Internetseiten werden Foren gewählt, da laut

---

[12] Diese Parameter sind denen des oben verwendeten Begriffs des mentalen Modells sehr ähnlich.

den Autor/-innen das Design von Foren meistens durch die verwendete Serveranwendung vorgegeben ist und Änderungen weniger möglich sind als beispielsweise bei privaten Websites (vgl. Santa-Maria & Dyson, 2008, S. 49). Aus diesem Grund gehen die Autoren davon aus, dass die Teilnehmer/-innen homogene Erwartungen an die *visual conventions* von Foren haben (vgl. Santa-Maria & Dyson, 2008, S. 49).

Der Test besteht aus zwei Teilen, in denen 28 Teilnehmer/-innen jeweils nach Antworten zu gestellten Fragen im Forum suchen. Im ersten Teil werden 10 Fragen gestellt und nach fünf Minuten Pause sechs weitere Aufgaben im zweiten Teil gestellt (vgl. Santa-Maria & Dyson, 2008, S. 50). Gemessen wird die Performance anhand der Zeit, welche die Teilnehmer/-innen für eine Aufgabe benötigen, der Anzahl an richtigen Antworten und der Anzahl richtiger Antworten geteilt durch die benötigte Zeit (vgl. Santa-Maria & Dyson, 2008, S. 49).

Im Ergebnis ist die Performance der Gruppe, in der die *visual conventions* verletzt werden, am Anfang des ersten Teils im Vergleich zu der Kontrollgruppe signifikant geringer (vgl. Santa-Maria & Dyson, 2008, S. 51). Die Performance gleicht sich jedoch schnell an, so dass sie zum Ende des ersten Teils bei beiden Gruppen nahezu gleich ist (vgl. Santa-Maria & Dyson, 2008, S. 51). Im zweiten Teil ist kein signifikanter Unterschied mehr in der Zeit zu beobachten (vgl. Santa-Maria & Dyson, 2008, S. 53).

Die Studie ist ein Anhaltspunkt dafür, dass sich Benutzer/-innen an Objekte gewöhnen, die abweichend von ihrer Erwartung platziert sind. Die Einhaltung mentaler Modelle ist im Hinblick auf die Performance nicht grundsätzlich zwingend. Eine allgemeine Aussage über den Gewöhnungseffekt bei Verletzung mentaler Modelle kann aber nicht getroffen werden. Dafür weichen die Herangehensweisen von Santa-Maria und Dyson (2008) und Roth u. a. (2010, 2013) zu sehr voneinander ab, insbesondere das Vorgehen zum Finden der Erwartungen der Benutzer/-innen. Roth u. a. (2010) befragen die Benutzer/-innen und Santa-Maria und Dyson (2008) schließen auf die Erwartungen durch Analyse bestehender Websites.

Auf Grundlage der genannten Studien wird in Tabelle 4 dargestellt, welche Variablen einen Einfluss auf die Performance auszuüben scheinen, wenn die mentalen Modelle einer Website verletzt werden. Mit den Ergebnissen über die Ausgestaltung mentaler Modelle von Roth u. a. (2010) sollte der Einfluss der in Tabelle 4 dargestellten Variablen empirisch verifiziert werden.

Tabelle 4   Variablen, welche die Performance beeinflussen, wenn das mentale Modell verletzt wird

Variable	Erläuterung	Performance
Eigenschaften der Webobjekte	Roth u. a. (2013) zeigen, dass die Größe und Auffälligkeit der Webobjekte die Stärke des Effektes beeinflussen	Zeit, Anzahl *eye fixations,*
Art der Aufgabenstellung	Die Anzahl der Interaktionen pro Webobjekt bestimmt, ob die Messung des zeitlichen Verlaufes der Performance möglich ist	Zeitlicher Verlauf der Performance
Anordnung der Webobjekte	Es wird gezeigt, dass die Anordnung der Webobjekte einen Einfluss auf die Performance ausübt	Zeitlicher Verlauf der Performance

Eigene Darstellung

Zusammenfassend wurde gezeigt, dass Benutzer/-innen mentale Modelle von Websites bilden, die anfänglich zu Performance Einbußen führen, wenn sie durch das Design einer Website verletzt werden. Es finden sich Anhaltspunkte, dass die Performance Einbußen innerhalb einer kurzen Zeitspanne durch einen Gewöhnungseffekt aufgehoben werden. Da der zeitliche Verlauf der Performance jedoch nicht ausreichend erforscht ist, kann keine allgemeine Aussage darüber getroffen werden, ob die gefundenen mentalen Modelle in der Praxis relevant oder vernachlässigbar sind.

In zukünftigen Studien sollte aus diesem Grund der zeitliche Verlauf der Performance gemeinsam mit den in Tabelle 4 dargestellten Variablen untersucht werden. So könnte die Frage beantwortet werden, wann eine gemäß den Erwartungen der Benutzer/-innen entworfene Website sinnvoll ist und wann die Erwartungen übergangen werden können.

Im Hinblick auf den Gegenstand der Arbeit kann gesagt werden, dass der Wissenstand über mentale Modelle nicht ausreicht, um die praktischen Bedürfnisse von Webdesigner/-innen abzudecken. Als Ergebnis fehlt eine realitätsnahe Guideline, die eine Aussage darüber macht, ob Websites aus Sicht der kognitiven Informationsverarbeitungsprozesse den Erwartungen der Nutzer/-innen für die Anordnung von Webobjekten entsprechend gestaltet werden sollten.

4.2 Die Bedeutung der Konsistenz für Websites

Im vorherigen Kapitel wurde unter anderem ein Gewöhnungseffekt, oder Lerneffekt, bei ungewohnt platzierten Objekten festgestellt. Da gemäß Galitz (2007) Konsistenz das Erlernen eines Interfaces verbessert, "[...] consistency greatly aids learning" (Galitz, 2007, S. 134), wird in diesem Kapitel die Bedeutung der Konsistenz für Websites untersucht.

Der Begriff der Konsistenz wird als wichtige Orientierung in der Human Computer Interaction (HCI) gesehen: "And the single objective on which experts agree is design consistency." (S. L. Smith & Mosier, 1986, S. 15). Was aber bedeutet Konsistenz im Webdesign und was sollte aus Sicht der kognitiven Verarbeitung innerhalb einer Website konsistent sein? Dieser Frage wird im folgenden Kapitel nachgegangen und anhand von zwei Studien untersucht, welche Eigenschaften von Objekten zu Performanceeinbußen führen, wenn sie nicht konsistent auf einer Website sind. Hierbei zeigt sich, dass nur die *physical consistency* eine Rolle für die Performance spielt.

In der ersten der beiden angeführten Studien von Ant Ozok und Salvendy (2000) wird Konsistenz gemäß Adamson (1996) aus den Teilen *conceptual, communicational* und *physical consistency* bestehend definiert (vgl. Ant Ozok & Salvendy, 2000, S. 444).

An der Studie nehmen 40 Proband/-innen teil, die im Verlauf der Studie unterschiedliche Aufgaben ausführen. In den Aufgaben sind die Tätigkeiten Navigation mit der Maus, Ausfüllen von Formularen, Lesen von Texten und Beantwortung von Fragen enthalten (vgl. Ant Ozok & Salvendy, 2000, S. 445). Es werden die Variablen Zeit und Fehleranzahl gemessen (vgl. Ant Ozok & Salvendy, 2000, S. 446).

Ein Teil der Teilnehmer/-innen erhält eine konsistente Website, der andere Teil eine inkonsistente Website. Bei der inkonsistenten Website ist jeweils einer der oben genannten Bestandteile nicht konsistent (*conceptual, communicational,* oder *physical*). In der Gruppe mit einem inkonsistentem Layout im Bereich *physical consistency* ist die Farbe der Beschriftungen, der Buchstaben und der Hintergründe inkonsistent (vgl. Ant Ozok & Salvendy, 2000, S. 448). Außerdem sind die Größe und der Abstand der Buchstaben und die Positionierung von Beschriftungen, Text und Bildern inkonsistent (vgl. Ant Ozok & Salvendy, 2000, S. 448). In der Gruppe mit dem inkonsistenten Layout im Bereich *communicational consistency* ist die Position von Text und Bildern inkonsistent (vgl. Ant Ozok & Salvendy, 2000, S. 448). In der Gruppe mit dem inkonsistentem Layout im Bereich *conceptual consistency* ist die Sprache des Textes so verändert, dass längere und ungenauere Sätze entstehen (vgl. Ant Ozok & Salvendy, 2000, S. 449).

Im Ergebnis ist nur in der inkonsistenten Gruppe im Bereich *physical consistency* die Anzahl der Fehler signifikant höher (vgl. Ant Ozok & Salvendy, 2000, S. 450). Die durchschnittlich benötigte Zeit wird in keiner Gruppe durch Inkonsistenz signifikant beeinflusst (vgl. Ant Ozok & Salvendy, 2000, S. 456).

AlTaboli und About-Zeid (2007) unterstützen die Befunde von Ant Ozok und Salvendy (2000), die besagen, dass nur die Anzahl der Fehler und nicht die Geschwindigkeit durch Inkonsistenz beeinflusst werden. In ihrer Studie führen 24 Teilnehmer-/innen ähnliche Aufgaben wie bei Ant Ozok und Salvendy (2000) durch (vgl. AlTaboli & Abou-Zeid, 2007, S. 851). Jeweils ein Viertel der Teilnehmer/-innen erhält eine Website, bei der eine der Variablen Farbe, Platzierung von Objekten, oder Schriftart inkonsistent sind[13] und das übrige Viertel erhält eine konsistente Website (vgl. AlTaboli & Abou-Zeid, 2007, S. 851). Gemessen werden die Anzahl der Fehler und die für die Aufgaben benötigte Zeit (vgl. AlTaboli & Abou-Zeid, 2007, S. 851).

Ähnlich wie bei Ant Ozok und Salvendy (2000) besitzt die Inkonsistenz keiner der Variablen einen signifikanten Einfluss auf die benötigte Zeit. Allerdings erhöhen eine inkonsistente Schriftart und Platzierung von Objekten die Anzahl der Fehler signifikant (vgl. AlTaboli & Abou-Zeid, 2007, S. 857). Dies wird in Tabelle 5 dargestellt.

Tabelle 5   Zusammenfassung der Wirkung der Variablen auf die Performance

Inkonsistentes Element	Performance	
	Benötigte Zeit für die Aufgaben	Fehler
Farbe		Nicht Signifikant
Schriftart	Nicht Signifikant	Signifikant höher
Platzierung		Signifikant höher

Quelle: Auf Basis von AlTaboli und About-Zeid (2007, S. 857)

---

[13] Diese Variablen sind der oben verwendeten *physical consistency* gemäß Adamson (1996) zuzurechnen.

33

Zusammengefasst wird in diesem Kapitel gezeigt, dass nur die Inkonsistenz von Eigenschaften, die sich der *physical consistency* zuordnen lassen, einen negativen Einfluss auf die gemessene Performance ausüben. Dass dabei nur die Fehler und nicht die Geschwindigkeit beeinflusst werden, erklären sich AlTaboli und About-Zeid (2007) dadurch, dass für die Teilnehmer/-innen die Zeit wichtiger ist, als die Anzahl der Fehler. Fehler können einfach durch einen erneuten Klick mit der Maus rückgängig gemacht werden (vgl. Ant Ozok & Salvendy, 2000, S. 456).

In zukünftigen Studien sollte neben den abhängigen Variablen Zeit und Fehleranzahl die Anzahl der *eye fixations* gemessen werden. Diese Anregung basiert auf der Hypothese von Galitz (2007), der schreibt, dass die Konsistenz einer Website den *visual scanning* Prozess, das Absuchen der Website durch Augenbewegungen, verbessere (Galitz, 2007, S. 134). Die Auswertung der Ergebnisse der *eye fixations* könnte einen empirischen Beleg für diese Aussage liefern.

Hinsichtlich der Fragestellung wird das Zwischenfazit gezogen, dass aus Sicht von Webdesigner/-innen die Guideline gefunden wurde, dass bei dem Design einer Website vor allem die Merkmale der *physical consistency* konsistent gehalten werden sollten.

Tabelle 6 Übersicht praxisrelevanter Guidelines aus dem Kapitel des Page Layout

Unabhängige Variablen	Stufen	Abhängige Variable	Praxisrelevante Guideline
Vorhandensein mentaler Modelle von Websites	Position, Größe von Webobjekten	Konstruktion von Websites, Performance	Keine Guideline. Jedoch besteht die Möglichkeit sich an mentalen Modellen zu orientieren
Verletzung von *visual conventions*	Verletzung vs. Beachtung der *visual conventions*	Performance	Keine Guideline. Aber Hinweis auf Gewöhnungseffekt bei Verletzung mentaler Modelle von Websites

Eigene Darstellung

5 Übersicht der in den Studien verwendeten Variablen

Nachdem die Betrachtung der Studien abgeschlossen ist, soll in diesem Kapitel in Abbildung 14 eine Übersicht über die in den genannten Studien verwendeten unabhängigen und abhängigen Variablen gegeben werden. Die abhängigen Variablen werden in die Taxonomie von Norman (1991, S. 10) eingeordnet und den Studien zugeordnet. Dabei wird „menschliche Performance" synonym mit „Performance", sowie „Geschwindigkeit" synonym mit „Dauer" oder „Zeit" bezeichnet.

Diese Übersicht soll die Grundlagen der genannten Studien aufzeigen, um Anknüpfungspunkte zu ermöglichen, an denen sich zukünftige Fragestellungen orientieren können.

Abbildung 14 macht deutlich, dass als Performance Indizes vor allem die abhängigen Variablen Geschwindigkeit und Fehlerrate verwendet werden. In insgesamt fünf Studien wird nur die Geschwindigkeit, nicht aber die Fehlerrate verwendet. Mit Verweis auf AlTaboli und About-Zeid (2007) und Ant Ozok und Salvendy (2000) in Kapitel 4.2 erscheint die Ausklammerung der Fehlerrate als nicht sinnvoll. In beiden Studien beeinflusst die unabhängige Variable nur die Fehlerrate, ohne einen Einfluss auf die Variable der Geschwindigkeit auszuüben. Die Nichtbeachtung der Fehlerrate könnte folglich dazu führen, dass fälschlicherweise von Nulleffekten ausgegangen wird.

Neben der Geschwindigkeit und der Fehlerrate finden sich drei weitere Variablen als Maß für die kognitive Performance: *eye fixations, lostness* (P. A. Smith, 1996) und Leseverständnis. Sie liefern zusätzliche Erkenntnisse und können je nach Situation und Zielformulierung sinnvoll sein. Auf der anderen Seite führt ihre geringe Verbreitung zu einer schlechteren Vergleichbarkeit der Studien. Um eine Vergleichbarkeit zu gewährleisten, sollten die Geschwindigkeit und die Fehlerrate Grundlage der Argumentation bleiben und weitere Variablen zusätzlich hinzugenommen werden.

In Bezug auf das Ziel der vorliegenden Arbeit trägt das Kapitel zu der Übersicht über die Grundlagen der Studien bei, die nötig ist, um den in den einzelnen Kapiteln angesprochenen Forschungsbedarf umzusetzen.

35

Abbildung 14 Übersicht der verwendeten unabhängigen und abhängigen Variablen

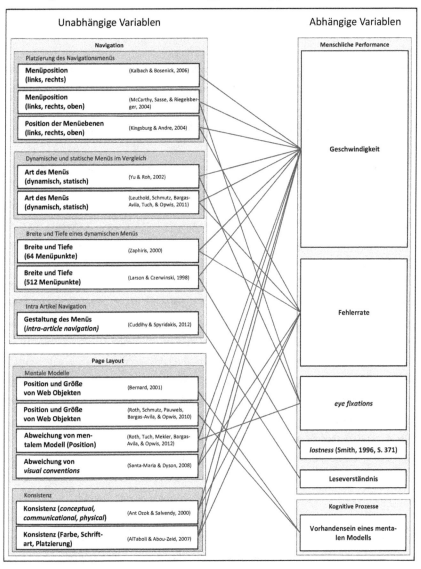

Unabhängige Variablen — Abhängige Variablen

Navigation

Platzierung des Navigationsmenüs

Menüposition (links, rechts) — (Kalbach & Bosenick, 2006)

Menüposition (links, rechts, oben) — (McCarthy, Sasse, & Riegelsberger, 2004)

Position der Menüebenen (links, rechts, oben) — (Kingsburg & Andre, 2004)

Dynamische und statische Menüs im Vergleich

Art des Menüs (dynamisch, statisch) — (Yu & Roh, 2002)

Art des Menüs (dynamisch, statisch) — (Leuthold, Schmutz, Bargas-Avila, Tuch, & Opwis, 2011)

Breite und Tiefe eines dynamischen Menüs

Breite und Tiefe (64 Menüpunkte) — (Zaphiris, 2000)

Breite und Tiefe (512 Menüpunkte) — (Larson & Czerwinski, 1998)

Intra Artikel Navigation

Gestaltung des Menüs (intra-article navigation) — (Cuddihy & Spyridakis, 2012)

Page Layout

Mentale Modelle

Position und Größe von Web Objekten — (Bernard, 2001)

Position und Größe von Web Objekten — (Roth, Schmutz, Pauwels, Bargas-Avila, & Opwis, 2010)

Abweichung von mentalem Modell (Position) — (Roth, Tuch, Mekler, Bargas-Avila, & Opwis, 2012)

Abweichung von visual conventions — (Santa-Maria & Dyson, 2008)

Konsistenz

Konsistenz (conceptual, communicational, physical) — (Ant Ozok & Salvendy, 2000)

Konsistenz (Farbe, Schriftart, Platzierung) — (AlTaboli & Abou-Zeid, 2007)

Menschliche Performance

Geschwindigkeit

Fehlerrate

eye fixations

lostness (Smith, 1996, S. 371)

Leseverständnis

Kognitive Prozesse

Vorhandensein eines mentalen Modells

Eigene Darstellung

6 Fazit

Gegenstand der vorliegenden Arbeit ist die Fragestellung, inwieweit der aktuelle Stand der Kognitionsforschung die praktischen Bedürfnisse von Webdesigner/-innen durch praxisrelevante Guidelines abdecken kann. Um dieser Fragestellung im Rahmen einer Bachelorarbeit nachzugehen, werden die Bereiche Navigation und Page Layout herausgegriffen und durch die Auswertung von Studien betrachtet.

Im ersten Teil der Arbeit wird die Navigation einer Website in vier Unterkapiteln untersucht. Zuerst wird in Kapitel *3.1 Die Platzierung des Navigationsmenüs* festgestellt, dass die Platzierung von Navigationsmenüs, bei denen alle Menüebenen am selben Bildschirmrand positioniert sind, keine Auswirkung auf die Performance hat. Weitere Forschungen sind nur für die Platzierung von Menüs sinnvoll, bei denen die Menüebenen an unterschiedlichen Bildschirmrändern dargestellt werden, um das Wissen hier zu erweitern.

Im zweiten Unterkapitel *3.2 Das dynamische Menü* wird dargestellt, dass der Vorteil eines dynamischen Menüs gegenüber einem statischen Menü nicht empirisch belegt werden kann. Es wird eine in der Praxis anwendbare alternative Richtlinie der *cognitive costs* nach Ware (2008) für die Bewertung von Menüdesigns vorgestellt, allerdings ersetzt die Theorie der *cognitive costs* nicht einen empirisch begründeten Vergleich von dynamischen und statischen Menüs in der Forschung. Es besteht Forschungsbedarf, um herauszufinden, unter welchen Umständen ein dynamisches oder ein statisches Menü für die menschliche Informationsverarbeitung von Vorteil ist.

Im dritten Unterkapitel zur Navigation, *3.3 Die Breite und Tiefe eines dynamischen Menüs*, wird gezeigt, dass bei dynamischen Menüs eher in die Breite als in die Tiefe gegangen werden sollte. Dieses Ergebnis ist in der Praxis als Handlungsanweisung anwendbar, wenn die Navigation einer Website aufgrund vieler Menüpunkte komplex aufgebaut ist.

Im vierten Unterkapitel *3.4 Die Gestaltung einer intra-article navigation* kommt die angeführte Studie zu dem Schluss, dass eine Navigation innerhalb eines Artikels nur sinnvoll ist, wenn sie klar von der globalen Navigation unterscheidbar ist. Die Herangehensweise der Studie ist durch die gestellte Aufgabe und die verwendeten Testwebsites realitätsnah aufgebaut und kommt zu dem oben genannten, in der Praxis verwendbaren, Ergebnis. Nicht untersucht wird der Nutzen einer *intra-article navigation* im Vergleich zu einer Website ohne *intra-article navigation.* Für diese Fragestellung besteht weiterer Forschungsbedarf, um zu ermitteln, bei welchen Inhalten die *intra-article navigation* sinnvoll ist.

Insgesamt wird die Forschung in Bezug auf die Webnavigation durch die Komplexität möglicher Menüdesigns erschwert. Um sinnvolle Ergebnisse zu erhalten, müssen die Faktoren Ausrichtung, Anzahl und Benennung der Menüpunkte, Position des Menüs, Kategorisierung und die Art der gestellten Aufgaben berücksichtigt werden. Dies ist aufwendig und durch den stetigen Fortschritt der Technologie und der damit verbundenen ständigen Veränderung der Inhalte des Internets zusätzlich erschwert. Folglich bietet die Kognitionsforschung zum jetzigen Zeitpunkt für die Webnavigation nur unzusammenhängende Guidelines für kleine Teilbereiche, die von Webdesigner/-innen verwendet werden können.

Auffallend ist, dass in vier Studien jeweils weniger als 20 Proband/-innen teilnehmen. Dies ist bei Kingsburg und Andre (2004), Yu und Roh (2002), 17 Zaphiris (2000), Larson und Czerwinski (1998) der Fall. Diese vergleichsweise geringe Anzahl lässt die Ergebnisse dieser Studien als weniger überzeugend erscheinen.

Im zweiten Teil der Arbeit werden die Bedeutung mentaler Modelle und die Bedeutung der Konsistenz für das Webdesign untersucht.

Im ersten Unterkapitel *4.1 Das mentale Modell einer Website* wird dargestellt, welche mentalen Modelle von Websites gebildet werden. Die sich anschließende Frage, wann diese Modelle beim Webdesign beachtet werden sollten, kann nicht grundsätzlich beantwortet werden. Es bedarf weiterer Forschung, die sich bei ähnlicher Fragestellung wie Roth u. a. (2013) auf den zeitlichen Verlauf der abhängigen Variablen konzentriert, um die Hinweise auf einen Gewöhnungseffekt genauer zu untersuchen. Für die Praxis haben die gefundenen mentalen Modelle dennoch Relevanz, weil belegt wird, dass ihre Einhaltung zumindest beim ersten Besuch einer Website die Performance verbessert.

Im zweiten Unterkapitel *4.2 Die Bedeutung der Konsistenz für Websites* wird gezeigt, dass vor allem die Merkmale der *phycical consistency* auf Websites aus Sicht der Informationsverarbeitung konsistent sein sollten. Diese Guideline gibt Webdesigner/-innen eine Orientierung und deckt somit die Bedürfnisse von Webdesigner/-innen in Bezug auf die Konsistenz ab. Zukünftige Forschung sollte die Hypothese von Galitz (2007) untersuchen, um zu klären, durch welche Komponenten der Konsistenz der *visual scanning* Prozess beeinflusst wird.

Abschließend gibt das Kapitel 5 *Übersicht der in den Studien verwendeten Variablen* eine Übersicht über die verwendeten unabhängigen und abhängigen Variablen. Das Kapitel besitzt Relevanz für die weitere Forschung, da Anhaltspunkte für die Wahl der Variablen gegeben werden.

Insgesamt gibt die vorliegende Arbeit einen Überblick über den aktuellen Stand der Kognitionsforschung für die Bereiche Navigation und Page Layout einer Website. Die Fragestellung: Inwieweit kann der aktuelle Stand der Kognitionsforschung die praktischen Bedürfnisse von Webdesigner/-innen durch praxisrelevante Guidelines für die Bereiche Navigation und Page Layout abdecken, kann mit der Feststellung beantwortet werden, dass für die Erfüllung der praktischen Bedürfnisse von Webdesigner/-innen weitere Untersuchungen notwendig sind. Da die praxisrelevanten Guidelines aus den dargestellten Studien nur einen Bruchteil der Komplexität einer Website abdecken.

So gilt abschließend die Aussage von Czerwinski und Larson (2002) über Grundlagenforschung gleichermaßen für die in der vorliegenden Arbeit betrachteten Studien: "Basic cognitive science research has not even begun to scratch the surface in terms of complexity in its paradigms, as is required when designing a Website today." (Czerwinski & Larson, 2002, S. 148). Dieser eingeschränkten Praxisrelevanz der Ergebnisse stehen der Bedarf und die Notwendigkeit weiterer Erkenntnisse über die Funktion und die Verarbeitung von Inhalten auf Websites gegenüber. Dies sollte Anlass sein, den Erkenntnisstand über Websitedesign aus Sicht der menschlichen Informationsverarbeitung durch zukünftige Forschung auszubauen.

Abbildungsverzeichnis

Tabellenverzeichnis

Quellenverzeichnis

Adamson, P. J., & Wallace, F. L. (1996). *A comparison between consistent and inconsistent graphical user interfaces*. University of North Florida, Jacksonville.

AlTaboli, A., & Abou-Zeid, M. R. (2007). Effect of Physical Consistency of Web Interface Design on Users' Performance and Satisfaction. In J. A. Jacko (Hrsg.), *Human-Computer Interaction. HCI Applications and Services* (S. 849–858). Berlin Heidelberg: Springer.

Ant Ozok, A., & Salvendy, G. (2000). Measuring consistency of web page design and its effects on performance and satisfaction. *Ergonomics*, *43*(4), 443–460.

Bernard, M. L. (2001). Developing Schemas for the Location of Common Web Objects. *Proceedings of the Human Factors and Ergonomics Society Annual Meeting*, *45*(15), 1161–1165.

Brown, C. (2006). *Cognitive Psychology*. London: SAGE Publications.

Burrell, A., & Sodan, A. C. (2006). Web interface navigation design: which style of navigation-link menus do users prefer? In *Data Engineering Workshops, 2006. Proceedings. 22nd International Conference on* (S. 42–42).

Cuddihy, E., & Spyridakis, J. H. (2012). The effect of visual design and placement of intra-article navigation schemes on reading comprehension and website user perceptions. *Computers in Human Behavior*, *28*(4), 1399–1409.

Czerwinski, M. P., & Larson, K. (2002). Cognition and the Web: moving from theory to Webdesign. In J. Ratner (Hrsg.), *Human factors and Web development* (S. 147–166). New York: Erlbaum.

Eysenck, M. W. (2001). *Principles of Cognitive Psychology*. Hove, East Sussex: Psychology Press.

Fallman, D. (2003). Design-oriented human-computer interaction. In *Proceedings of the SIGCHI conference on Human factors in computing systems (CHI '03)* (S. 225–232). New York: ACM.

Galitz, W. O. (2007). *The Essential Guide to User Interface Design: An Introduction to GUI Design Principles and Techniques*. New York: John Wiley & Sons.

Goldberg, J. H., & Kotval, X. P. (1999). Computer interface evaluation using eye movements: methods and constructs. *International Journal of Industrial Ergonomics*, *24*(6), 631–645.

Huizingh, E. K. R. E. (2000). The content and design of web sites: an empirical study. *Information & Management*, *37*(3), 123–134.

Jones, J. C. (1992). *Design methods*. New York: Van Nostrand Reinhold.

Kalbach, J., & Bosenick, T. (2003). Web Page Layout: A Comparison Between Left- and Right-justified Site Navigation Menus. *Journal of Digital Information*, *4*(1).

Kalbach, James. (2007). *Designing Webnavigation* (1. ed.). Beijing: O'Reilly.

Kiger, J. I. (1984). The depth/breadth trade-off in the design of menu-driven user interfaces. *International Journal of Man-Machine Studies, 20*(2), 201–213.

Kingsburg, J. R., & Andre, A. D. (2004). A Comparison of Three-Level Web Menu Navigation Structures. *Proceedings of the Human Factors and Ergonomics Society Annual Meeting, 48*(13), 1513–1517.

Larson, K., & Czerwinski, M. (1998). Web page design: implications of memory, structure and scent for information retrieval. In *Proceedings of the SIGCHI conference on Human factors in computing systems* (S. 25–32). New York: ACM Press/Addison-Wesley Publishing Co.

Lauer, D. A., & Pentak, S. (2012). *Design Basics*. Boston: Wadsworth, Cengage Learning.

Leuthold, S., Schmutz, P., Bargas-Avila, J. A., Tuch, A. N., & Opwis, K. (2011). Vertical versus dynamic menus on the world wide web: Eye tracking study measuring the influence of menu design and task complexity on user performance and subjective preference. *Computers in Human Behavior, 27*(1), 459–472.

Lim, R. W., & Wogalter, M. S. (2000). The position of static and on-off banners in WWW displays on subsequent recognition. In *Proceedings of the Human Factors and Ergonomics Society Annual Meeting* (Bd. 44, S. 420–423).

Löwgren, J. (1995). Applying design methodology to software development. In *Proceedings of the 1st conference on Designing interactive systems: processes, practices, methods, & techniques* (S. 87–95).

Lynch, P. J., & Horton, S. (2009). *Web style guide: Basic design principles for creating Web sites*. New Haven: Yale University Press.

Mackay, W. E., & Fayard, A.-L. (1997). HCI, natural science and design: a framework for triangulation across disciplines. In *Proceedings of the 2nd conference on Designing interactive systems: processes, practices, methods, and techniques* (S. 223–234). New York: ACM.

Mariage, C., Vanderdonckt, J., & Pribeanu, C. (2005). State of the art of web usability guidelines. In R. W. Proctor & L. V. Kim-Phuong (Hrsg.), *The Handbook of Human Factors in Webdesign* (S. 688–700).

McCarthy, J. D., Sasse, M. A., & Riegelsberger, J. (2004). Could I have the menu please? An eye tracking study of design conventions. *People and Computers*, (17), 401–414.

Miller, G. A. (1956). The magical number seven, plus or minus two: some limits on our capacity for processing information. *Psychological review, 63*(2), 81.

Mobrand, K. A., & Spyridakis, J. H. (2007). Explicitness of local navigational links: comprehension, perceptions of use, and browsing behavior. *Journal of Information Science, 33*(1), 41–61.

Norman, K. L. (1991). *The psychology of menu selection: Designing cognitive control at the human/computer interface*. Norwood: Ablex Pub.

Roth, S. P., Schmutz, P., Pauwels, S. L., Bargas-Avila, J. A., & Opwis, K. (2010). Mental models for web objects: Where do users expect to find the most frequent objects in online shops, news portals, and company web pages? *Interacting with Computers*, *22*(2), 140–152.

Roth, S. P., Tuch, A. N., Mekler, E. D., Bargas-Avila, J. A., & Opwis, K. (2013). Location matters, especially for non-salient features - an eye-tracking study on the effects of web object placement on different types of websites. *International Journal of Human-Computer Studies*, *71*(3), 228–235.

Rouse, W. B., & Morris, N. M. (1986). On looking into the black box: Prospects and limits in the search for mental models. *Psychological bulletin*, *100*(3), 349.

Santa-Maria, L., & Dyson, M. C. (2008). The effect of violating visual conventions of a website on user performance and disorientation: how bad can it be? In *Proceedings of the 26th annual ACM international conference on Design of communication* (S. 47–54). New York: ACM. Abgerufen von

SIGCHI (Group : U.S.). (1992). *ACM SIGCHI curricula for human-computer interaction*. New York: Association for Computing Machinery.

Smith, P. A. (1996). Towards a practical measure of hypertext usability. *Interacting with Computers*, *8*(4), 365–381.

Smith, S. L., & Mosier, J. N. (1986). *Guidelines for designing user interface software*. Bedford: National Technical Information Service.

Snowberry, K., Parkinson, S. R., & Sisson, N. (1983). Computer display menus. *Ergonomics*, *26*(7), 699–712.

TU Dresden. (2013). Abgerufen 5. Februar 2013, von http://tu-dresden.de/

Vinson, N. G. (1999). Design guidelines for landmarks to support navigation in virtual environments. In *Proceedings of the SIGCHI conference on Human factors in computing systems: the CHI is the limit* (S. 278–285). New York: ACM.

Ware, C. (2008). *Visual thinking for design*. Amsterdam ; Heidelberg [u.a.]: Morgan Kaufmann.

Webster, J., & Watson, R. (2002). Analyzing the Past to Prepare for the Future: Writing a Literature Review. *MIS Quarterly*, *26*(2), xiii–xxiii.

Wei, C. Y., Evans, M. B., Eliot, M., Barrick, J., Maust, B., & Spyridakis, J. H. (2005). Influencing web-browsing behavior with intriguing and informative hyperlink wording. *Journal of Information Science*, *31*(5), 433–445.

Yu, B. M., & Roh, S. Z. (2002). The effects of menu design on information-seeking performance and user's attitude on the World Wide Web. *Journal of the American Society for Information Science and Technology*, *53*(11), 923–933.

Zaphiris, P. G. (2000). Depth Vs Breadth in the arrangement of web links. In *Proceedings of the Human Factors and Ergonomics Society Annual Meeting* (Bd. 44, S. 453–456).

Zaphiris, P., & Kurniawan, S. (2007). *Human computer interaction research in Webdesign and evaluation*. Hershey: IGI Global.